MINE UND DER MILCHMANN

Eine Katzengeschichte
Mit Bildern von Nicola Bayley
zu einer Geschichte von William Mayne

Ein Insel-Bilderbuch

Aus dem Englischen
von Ingrid Westerhoff

Dritte Auflage 1985

Printed in Italy by A. Mondadori Editore, Verona

»Guten Morgen, guten Morgen«,
sagt Mine und reckt sich und streckt sich.
Sie reckt sich und streckt sich auf ihrer Decke. Die Decke ist aus vielen bunten Flicken zusammengesetzt.
Mine liebt ihre Decke.

Und ihr Frühstück, das liebt sie auch.
Sie wartet schon darauf.
»Guten Morgen, guten Morgen«,
sagt sie zu den Leuten, die in ihrem
Haus leben.
Das sind eine Mutter und ein Vater
und zwei Kinder.
Alle halten sie Ausschau nach dem
Milchmann.
Sie hören seinen kleinen Wagen, sie
hören ihn singen. Mines Schwanz
beginnt hin- und herzupendeln.

Mine läuft hinaus und streicht dem Milchmann zärtlich um die Beine.
»Ach, Milchmann, Milchmann«, sagt sie, »du kannst mit mir kommen und allezeit in meinem Haus wohnen.«
Im Haus wird die Milch ins Schüsselchen gegossen.
Nach dem Frühstück will sich Mine ein wenig ausruhen.
Aber da kann sie ihre Decke nicht finden, die so gut zu ihr passende, bunte Decke.

»Ach«, sagt die Mutter, »wir haben dir die Decke weggenommen. Wir haben sie weggeworfen, weil sie so arg schmutzig war. Wir werden dir einen Korb kaufen.«
Mine will aber keinen Korb. Sie würde doch nur ärgerlich an ihm herumkratzen, wenn er erst dasteht.
»Es wäre wohl besser, wenn ich die Familie fortschickte«, sagt sie. »Statt dessen soll der Milchmann hier wohnen.«

Mine macht sich auf die Beine, um nach ihrer Decke zu suchen, um sich darauf zu putzen und zu strecken und zu schlafen.
Und Mine findet sie auch! Die Decke steckt in der Mülltonne. Sie stellt sich auf die Pfotenspitzen und hält die Decke mit den Krallen fest. Dann schlüpft sie in die Mülltonne hinein und legt sich schlafen.
Plötzlich – pardauz und wumms: schwarz und dick die Dunkelheit.

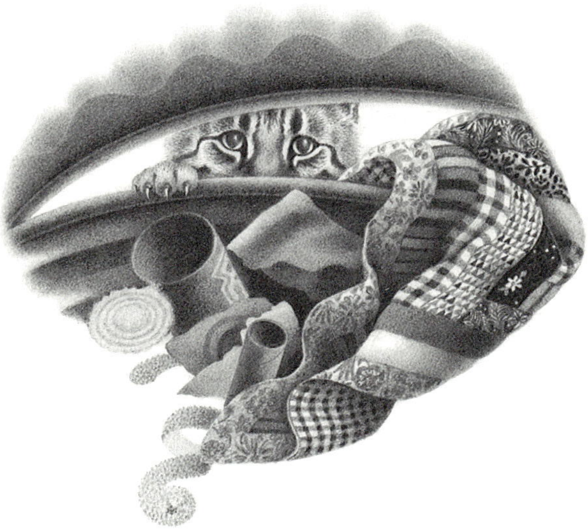

Der Deckel sitzt fest, die Tonne wird in die Luft gehoben und umgestülpt. Da fällt Mine kopfüber in der Decke heraus.

Mitten im Müllwagen liegt sie jetzt! Da steckt sie nun und miaut und miaut, ohne daß auch nur einer sie hört. Die Motoren, das Rumpeln, das Poltern und Quietschen übertönen ihr Geschrei.

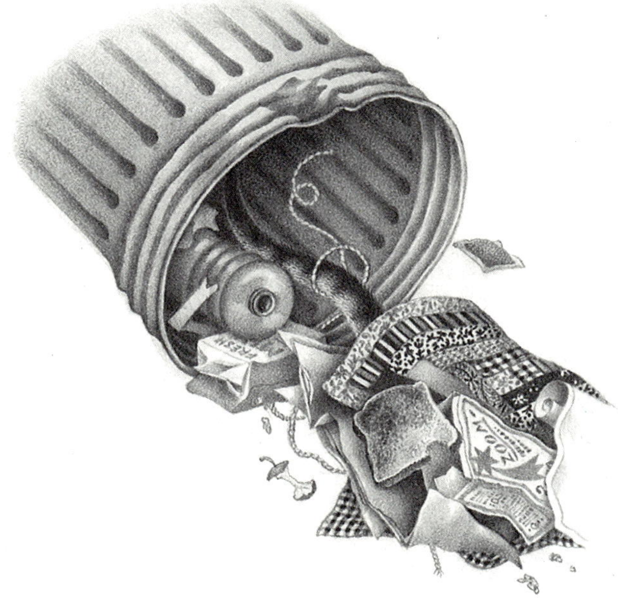

Die Reise beginnt. Sie fürchtet sich.
Das alles ist ihr gar nicht geheuer.
Sie faucht und macht einen Buckel,
aber niemand weiß davon.
Die Reise ist zu Ende. Der Müll-
wagen öffnet sich und zischt. Er
spuckt Mine und ihre Decke aus.

Wo sie jetzt ist, das weiß sie nicht. Es sieht nicht gut aus, und es riecht auch nicht gut.

Nichts mag sie anrühren. Rings um sie her nur Müll. Sie muß zur Seite springen, da kommt schon die nächste Ladung!

Und dann noch eine und noch eine, bis der Tag vorüber ist. Der letzte Wagen fährt fort; der Fahrer läßt das Tor der Müllhalde ins Schloß fallen.

Mine sitzt in der Falle und kann
nicht hinaus.
Sie sagt: »Was für ein armes Geschöpf
bin ich doch!«
Die Dunkelheit kommt. Die Ratten
werden wach und fletschen die Zähne
und blitzen sie an.
Sie beobachten Mine und machen sie
rasend vor Angst. Die ganze Nacht
lang hält sie Wache bei ihrer Decke
und miaut und faucht.

Am Morgen gehen die Ratten nach
Haus. Das Tor wird wieder geöffnet.
Die Müllwagen fangen wieder an,
den Müll abzuladen.
Mine zieht ihre Decke zum Tor. Um
nichts in der Welt wird sie sie los-
lassen!
Sie wartet, bis ein Müllwagen fort-
fährt, und mit ihrer Decke läuft sie
hinter ihm her.

Sie hofft, daß nicht ein anderer Müllwagen kommt und ihr die Decke zerreißt und ihr die Knochen zerbricht. Sie schleicht den Straßengraben entlang.
Mine hat die Decke an einem Ende fest im Maul, und fest muß sie die Zähne zusammenbeißen.
Mine ist gerettet, aber weit weg ist sie von zu Haus, und sie weiß nicht, wie lange sie nun laufen muß.

HUME'S
R&J. Johnson.

Die Zähne fangen an, ihr weh zu tun. Ohne ihre Decke aber will sie nicht weitergehen.
Sie läuft eine Straße entlang und weiß den Weg nicht. Jede Abzweigung kann die falsche sein. Welche sie nun nehmen soll, das weiß sie nicht.
Sie hofft inständig, daß ihr keiner von diesen greulichen Hunden begegnet.
Bald aber hört sie ein Geräusch, das sie kennt, und eine Stimme, die sie liebt! Ihr Schwanz beginnt hin- und herzupendeln.

ST 764G

Das ist der Milchmann mit dem kleinen Wagen, mit lauter Stimme singt er sein Morgenlied.
»Guten Morgen«, sagt der Milchmann, »da ist ja die kleine Mine – weit fort von zu Haus, sie hat sich wohl verlaufen … Komm mit mir, gleich bringe ich dich in deine Küche, dich und deine Decke!«

Mine sitzt neben ihm auf ihrer buntgemusterten Decke und putzt sich. Der Milchmann setzt ihr ein Schüsselchen vor. So fährt Mine per Anhalter nach Haus.
Die Mutter und der Vater und die Kinder sind sehr froh, daß sie wieder da ist.

Mine denkt, sie können ruhig dableiben, wenn der Milchmann nur verspricht, jeden Tag wiederzukommen.
Die Mutter sagt, sie müsse die Decke erst waschen und flicken, damit sie wieder wie neu wird.
Mine sagt: »Bald bin ich müde, also wasch sie jetzt schnell.«

Und nachdem die Decke wieder frisch ist und wie neu, schläft Mine bis zum Mittagessen; dann wacht sie auf und sagt: »Guten Morgen, guten Morgen«, und macht einen schönen runden Buckel.
Sie überzeugt sich, daß sie zu Hause ist, schläft wieder ein, und schläft den lieben langen Nachmittag.